LETTRE
De M. D. D. M.

A M. ****

Servant de réponse aux érreurs & aux indécences du Sieur d'Açarq, Maître de Penſion à Paris, inſérées dans l'Année Littéraire de M. Fréron, 1756. tom. V. pag. 244 & ſuivantes, au ſujet de la *Nouvelle Méthode Latine*, de M. DE LAUNAY.

Servés-vous promptement de toutés les forces de la vérité pour confondre l'erreur, & n'attendés pas qu'elle ait infecté le Public, de ſon air contagieux.
Virg.

A PÁRIS,

Chés AUMONT, Libraire, au Pavillon des quatre Nations, près la porte du Collége.

1756.

LETTRE
DE M. D. D. M.
A M.***

*Au sujet de la Nouvelle Méthode Latine
de M. DE LAUNAY, & des érreurs
du sieur d'Açarq sur cet Ouvrage.*

OUS savés, Monsieur, ce que j'eus l'honneur de vous dire il y a quelque rems de la *Nouvelle Méthode Latine* de M. de Launay, en 4 vol. in-8°. proposée par souscription, & dont il ne paroît encore que le premier volume. Cet Ouvrage me plut infiniment à la premiere vue ; j'en portai le jugement le plus favorable. Je pensois dès-lors que la *Nouvelle Méthode*, ne pouvoit manquer d'être bien reçue, & je le pense encore aujourd'hui. M. l'Abbé de Villefroy & M. de Paste, en ont porté avant moi le même jugement.

Je vous avoue cependant, que la maniere adroitement déstructive dont le sieur d'Açarq, Maître de Pension à Paris, présente cet Ouvrage au Public dans l'année Littéraire 1756. tom. V. p. 244. eut été très-capable de ruiner la bonne opinon que j'avois de la *Nou-*

A

velle *Méthode*, fi je ne fufpeçtois tout ce qui vient de ce Tribunal. Le fieur d'Açarq y fait des imputations fi groffieres à M. de Launay ; il lui fait tenir des dif-cours fi ridicules, que j'eus d'abord quelque dépit de m'être fi lourdement trompé. Je n'avois garde d'un autre côté, de foupçonner le fieur d'Açarq de fauffes imputations : d'Açarq fur-tout Maître de Penfion, état qui exige de celui qui l'embraffe, de ne fe montrer au Public, que dans un point de vue capable d'attirer fa confiance.

Je me porte difficilement à fuppofer de la mauvaife foi dans les autres, mais mon amour propre étoit bléffé ; mon goût fi l'on veut pour l'inftitution de la jeuneffe, me faifoit regarder la *Nouvelle Méthode* comme un Livre très-utile. J'avois peine d'ailleurs à me faire à quelques bouffonneries lâchées par le fieur d'Açarq, qui me parurent auffi fingulieres en elles-mêmes, que déplacées dans la bouche d'un homme de fa profeffion. Je voulus voir, fi les applications qu'il faifoit, avoient quelques fondémens folides, fi elles pouvoient anéantir la *Nouvelle Méthode*, ou fi elles devoient tourner à la confufion du Critique.

Toutes ces raifons m'ont engagé à faire un éxamen férieux de l'Ouvrage de M. de Launay , & à confronter les citations du fieur d'Açarq fur le texte. Cet article m'a coûté d'autant plus, que l'adroit Maître de Penfion ne cite point les pages d'où il les a tirées. Une telle conduite qui ne tend qu'à dégoûter tout Examinateur, m'a d'abord paru très-fufpeçte. Ceux qui ont des vues droites, en ufent avec plus de franchife.

J'abandonnerai au fieur d'Açarq le ton fcientifique qu'il étale d'abord, dont il veut enrichir le public aux dépends de la Méthode de Port-Royal, & qu'il voudroit faire valoir au profit de fon amour propre, en prenant un ton philofophique. Enfin, il a voulu faire le Docteur ; pendant qu'il ne falloit être que vrai.

Après 14 pages d'un dialogue tout-à-fait étranger à la *Nouvelle Méthode* , il commence par faire à M. de Launay (page 257 ,) une mauvaise chicane sur ce qu'il dit dans sa Préface (page xxxiij.) ,, Quand on trouve un Verbe à l'infinitif, il y est, ou ,, parce qu'il est précédé d'un autre verbe, selon la ré- ,, gle, *volo legere* ou sous entendu, comme *cœpi, cœpit,* ,, *cœperunt* , ou enfin il y est après un *Que retranché*. ,,

Le sieur d'Açarq oppose à M. de Launay ce demi vers de Perse: *scire tuum nihil est*. Il n'auroit pas dû opposer un *infinitif substantifié* , ou qui fait la fonction par lui-même de toutes les modifications du *substantif*, à un *infinitif* proprement dit, qui ne peut en recevoir aucune.

Le sieur d'Açarq rend ainsi ces mots , *scire tuum nihil est. Votre savoir est égal à zéro*. Par cette traduction peu sensée , le sieur d'Açarq commence d'abord, par déceler la foiblesse de son érudition : on ne doit pas s'étonner après, que le fond de son raisonnement s'en ressente. Cette maniere d'instruire n'est pas fort édifiante.

Le sieur d'Açarq abuse des termes de M. de Launay. Ce dernier dit dans son *Avertissement* page 11. ,, qu'il ,, n'a pas suppléé les Ellipses en Latin pour éviter la ,, confusion & ne pas gâter les yeux d'un Commençant. ,, *Il ajoûte* : on dira qu'en faisant travailler ce Commen- ,, çant on est obligé, pour l'instruire à fonds, de lui ,, dire les mots sous-entendus, j'en conviendrai . . . . . ,, mais, *continue M. de Launay*, il ne faut jamais écrire ,, des mots Latins, parmi ceux de l'Auteur dans un ,, semblable Ouvrage. *Il en donne la raison suivante*. Ce ,, qui est dit de vive voix , ne fait pas grande impression ; ,, mais ce qui est écrit, reste dans la tête d'un Commençant ,, & se grave bien plus profondément dans sa mémoire , ,, que ce qui n'est dit qu'en passant. Ce qu'il voit sur

,, le papier , lui forme un tableau qui se présente sans cesse
,, à son imagination. Ce mélange de mots lui imprime
,, un mauvais Latin, dont il ne peut plus se débarasser.

Ce raisonnement de M. de Launay, n'offre rien , je
pense, que de très-judicieux. C'est cependant ce même raisonnement qui fournit au sieur d'Açarq , les traits
les plus victorieux contre la *Nouvelle Méthode*. Il faut
l'entendre lui-même (*Ann. Litt.* ibid. p. 262 ,) *impri-
més , (les mots Latins, ou Ellipses remplies ,) dit le
Censeur, ils épargneroient beaucoup d'inquiétudes à l'E-
léve. Le Maître les lui indique de vive voix : beaucoup
de peine au Maître.* Notre Censeur voudroit sans doute
que le Maître fût comme un Automate , vis-à-vis de son
Eleve ; la chose seroit commode , *& ne causeroit , selon lui,
aucun inconvénient.* Je prouverai le contraire au sieur d'A-
çarq. Sur ce que M. de Launay dit qu'il n'a pas rempli les
Ellipses en Latin , *de peur de gâter les yeux d'un Commençant* , le sieur d'Açarq demande : *ce supplément quand
il est verbal, gâte-t-il les oreilles ?* Quel rapport ! Quoi
notre plaisant ignoreroit-il la différence qu'il y a entre
voir continuellement un objet dangereux, & en entendre seulement parler ? M. du Marsais *écrit les mots sous-
entendus , & il vaut mieux les écrire avec lui.* Voilà le
grand cheval de bataille du sieur d'Açarq.

M. du Marsais l'a dit, donc, &c. *Mais dira-t-on,
ajoute-t-il*, p. 263. *n'y a-t-il pas de danger qu'on ne se
familiarise avec un Latin sans Ellipse & sans inversion, &
non Latin conséquemment ? Le texte pur que M. du Marsais met toujours en perspective (se répond-il à lui-même
dogmatiquement,) rassure contre tout ce qu'il y auroit à
craindre.*

M. de Launay ne donne-t-il pas aussi le texte pur ?
Il le met au bas du même texte construit, expliqué,
& sans mauvais Latin : il n'y a pas de différence, à
l'égard du texte pur entre les deux Méthodistes. Pour-

quoi donc alléguer ici *M. du Marſais*, ſans faire mention
de *M. de Launay*? avouons que le ſieur d'Açarq eſt un
homme de bien bonne foi. Notre Cenſeur ajoûte : *Que ſe*
propoſe-t-on ſoit en liſant, ſoit en écrivant ? n'eſt-ce pas de
faire reſter dans la tête ſoit ce qu'on dit, ſoit ce qu'on écrit ?
Or les choſes appriſes, ne ſont-ce pas les choſes reſtées dans
la tête ? Ces paroles ſont aſſés ſpécieuſes ; mais ce n'eſt
que pour les ignorans. *O quanta ſpecies, cerebrum non*
habet. Je crois que le ſieur d'Açarq ne diſtingueroit
pas les échafauts qui ſont autour du Louvre, d'avec le
Louvre même. Il confond les moyens que l'on emploie
pour parvenir à une fin, avec la fin même : les moyens
avec leur réſultat. *Les choſes appriſes*, conſidérées en tant
qu'*appriſes*, ne ſont autre choſe, que LE RESULTAT DE
L'OPERATION DU JUGEMENT, SUR LES PRINCIPES PRO-
POSÉS A L'ESPRIT, COMME MOYENS D'APPRENDRE CES
choſes, DE PARVENIR A LA CONNOISSANCE DE CES *cho-*
ſes. Peut-être que le ſieur d'Açarq n'entendra pas cette
définition ; je vais éſſayer de la lui faire comprendre.

Si *les choſes appriſes, ſont les choſes reſtées dans la tête*,
je pourrai rendre un Perroquet fort ſavant, parce que
je pourrai lui mettre *dans la tête* bien *des mots qui y*
reſteront, qui deviendroit à l'égard du Perroquet *des cho-*
ſes appriſes, des ſciences en un mot, ſelon le ſieur d'A-
çarq. Si *les choſes appriſes, ſont les choſes reſtées dans la*
tête, je ſerai bien fondé à dire, que le ſieur d'Açarq
eſt un ignorant, en fait de Latin ; parce qu'il n'a re-
tenu, ni les thêmes, ni les verſions qu'il a faites, ni les
leçons qu'il a appriſes autrefois. Faut-il donc dire, d'a-
près les principes hazardés du Cenſeur, qu'un Perroquet eſt ſavant, que le ſieur d'Açarq eſt ignorant?
Ni l'un ni l'autre : en voici la raiſon : c'eſt qu'il ne s'eſt
point formé de réſultat *dans la tête* du Perroquet, &
que probablement, il s'en eſt formé *dans la tête* du ſieur
d'Açarq. Comment s'eſt-il formé ? PAR L'OPERATION

DE SON JUGEMENT , SUR LES PRINCIPES PROPOSE'S A
SON ESPRIT.

Difons donc que le fieur d'Açarq n'a pas entendu ,
ce qu'il difoit , en définiffant *les chofes apprifes, des cho-*
fes reftées dans la tête. Bonne définition certes & très-
digne de l'année littéraire ! me difoit l'autre jour une
perfonne qui a fçu faifir le caractère de cet Ouvrage.

Le fieur d'Açarq reléve l'explication que M. de Launay donne des mots Latins , qui fe trouvent dans le
texte pur. Il prétend qu'elle eft furabondante. Il choi-
fit celui de *Limus, limon* : que M. de Launay rend ,
comme tous nos Dictionnaires par ces mots, *Le limon*,
la boue , la bourbe. Une jupe , un jupon , un cotillon , dans
le petit Dictionaire qu'il a placé très-judicieufement , au
verfo de fa Méthode. Je conviens ici , que ces deux différentes fignifications font très - oppofées : mais ce n'eft
point la faute de M. de Launay , il n'a pas compofé la Langue Latine,& fi c'eft un défaut, on ne doit pas le lui impu-
ter. Ecoutons cependant à ce fujet, notre Cenfeur. *Qu'a*
de commun, dit-il , *le limon d'un terrain marécageux, avec*
un cotillon, une jupe un jupon ? Le fieur d'Açarq eft un mauvais Logicien ; il falloit dire : *Qu'a de commun un cotil-*
lon , une jupe , un jupon, avec le limon d'un terrain ma-
récageux ? C'eft du *limon* qu'il eft ici queftion , c'eft le
limon qu'il falloit garder. Notre Ariftarque continue :
M. de Launay ne craint il pas que les femmes auxquelles
il fe flatte d'infpirer le goût mâle de la Langue Latine , ne
fe préviennent contre cette Langue , en voyant que le même
mot Latin fignifie mauffadement & fans aucun égard :
la boue , la jupe , le jupon , le cotillon. Non, M. de Launay ne
le craint point, & perfonne ne le craindra que le Cenfeur.

On a pû jufqu'ici s'appercevoir, que je ne m'arrête
point au ftile du Critique, & que je ne m'attache qu'aux
penfées. Il faut être, je l'avoue, réduit à une grande éx-
trémité , pour n'avoir à produire ici qu'une chofe auffi

ridicule. Je ne m'aviferai pas comme lui, d'improuver cette attention de l'Auteur, ce feroit blâmer dans fon ouvrage une perfection. Car de quoi s'agit-il dans cette Méthode, n'eft-ce pas d'enfeigner le Latin ? Or, fi ce mot *Limus* a deux fignifications, n'eft-il pas plus régulier & plus exact, de les donner toutes deux, que de n'en mettre qu'une feule ? Ce que le fieur d'Açarq appelle fur-abondance, eft donc très-néceffaire : c'eft une nouvelle fémence jettée dans l'imagination de l'Eléve qui produira fon fruit en fon tems : elle étend fes connoiffances, elle le prépare à de nouveaux objets : enfin elle lui donne l'intelligence parfaite des différentes fignifications du mot, dont il doit faire ufage dans la fuite. D'ailleurs, fi ce principe étoit mauvais en lui-même, fi cette fur-abondance étoit dangereufe pour les Commençans, il faudroit donc bruler nos Dictionnaires Latins & François, puifque tous mettent la même chofe ?

Le fieur d'Açarq a conftamment trop fuivi en ce point, fa pente naturelle, je veux dire fa démangeaifon de critiquer. Que M. F. lâche de pareilles futilités : c'eft fon ton favori, que certaines gens appellent fon genre d'écrire ; fur cela, le calus eft formé : mais un fage Maître de Penfion doit-il donc prendre la même licence ?

Si le fieur d'Açarq, à l'occafion de la *Nouvelle Méthode* avoit deffein de remédier aux écarts de l'*Auteur Périodique* en fait de *Grammaire*, il pouvoit lui donner l'*Extrait de la Nouvelle Méthode* tout dreffé, comme il a fait en tant d'occafions, & enfuite le laiffer en faire ufage en fon nom & à fa maniere. Il fe feroit évité plus d'un défagrément.

M. de Launay donne un *François interlinaire* fuivi. Ce *François* fait naître des *Ellipfes* dans le Latin. Il a eu le foin de les faire imprimer en lettres *Italiques*, il a laiffé des blancs au deffous des mots *François* impri-

més en mêmes caractères : mots dont la valeur ne se trouve point dans le texte pur , & qui conséquemment sont
Elliptiques à l'égard du Latin ; afin que l'Eléve ne con-
fondît point la valeur des mots François avec celle des
mots Latins. Il n'a pas plû au sieur d'Açarq de faire
mention de cette attention particuliere de l'Auteur de
la *Nouvelle Méthode*. Il cite à ce sujet (ibid. p. 261 ,) en
lettres toutes *Italiques*, ce passage de la *Nouvelle Méthode*.

Alors ce Dieu leur répondit au contraire. Au-dessous du-
quel il met , (& sans aucun caractère Romain,) cette
phrase de la maniere qui suit.

Alors ce Dieu leur répondit au contraire.
Tunc Deus contrà.

De-là , il tire cette conséquence dont je ne garentis pas
la bonne foi : *ou l'Eléve de M. de Launay*, dit-il, *croira
que le mot,* Deus, *signifie toujours ce Dieu, & que le mot,*
contrà *signifie toujours, leur répondit au contraire, ce qui le
jetteroit dans une erreur très-préjudiciable, &c.* L'imputation
est grave : mais il suffit pour y répondre de mettre ici
le texte de M. de Launay, tel qu'il l'a fait imprimer,
pag. 41 de sa *Méthode* :

Alors *ce* Dieu *leur répondit* au contraire.
Tunc Deus contrà.

Si le sieur d'Açarq avoit fait imprimer ces deux lignes
ainsi , auroit-il ôsé avancer , que l'Eléve pouvoit être
induit en erreur ? Mais il a voulu le dire , & il a tout ha-
zardé pour le pouvoir faire en sureté. Il faut je l'avoue
avoir bien peu de pudeur, pour oser en imposer au Public si grossierement ! Rien ne prouve davantage le peu
d'éducation que l'on a reçu , que le défaut des principes les plus communs, & par conséquent l'impossibi-
lité où l'on se trouve , de les inculquer à la jeunesse
qu'on prétend élever.

Je suis fâché d'avoir ce reproche à faire au Censeur :
je conviens qu'il est dur ; mais est-ce ma faute ? Il ne

peut s'en prendre qu'à lui-même : que ne mettoit-il plus de bonne foi dans son procédé ? Le sieur d'Açarq ignore que la candeur doit tenir le premier rang dans la république des Lettres. Les vrais Savans ne connoissent entre eux que la vérité. Si quelques écrivains en usent autrement, on doit les plaindre d'avoir recours à des voies si déshonnorantes.

Voyons présentement de quelle maniere notre savant critique fait remplir les *Ellipses* en Latin. Il en fait l'essai sur ce passage (Ann. Litt. p. 264.)

FABULA NONA.
Ne insultes miseris.
Passer & Lepus.

Ostendamus paucis versibus esse stultum dare consilium aliis & non cavere sibi.

On peut remarquer en passant que le sieur d'Açarq auroit fait chose très-prudente, s'il avoit médité ces deux dernieres lignes, avant que de rendre sa Lettre publique contre la *Nouvelle Méthode*, je vais les lui expliquer en substance. „ Il n'appartient qu'à un fou, de repren- „ dre les autres, & de ne pas prendre garde à soi. „

Le sieur d'Açarq prétend que la construction de M. de Launay, *fourmille de fautes*, 1°. *Parce qu'elle n'est pas pleine*, c'est-à-dire, parce que les Ellipses ne sont pas remplies. Je n'ai besoin ici que de cet objet. *Il y a*, dit-il, *trois sujets de proposition sans attributs, Fabula, Passer, Lepus.* Et moi je dis qu'il y a trois absurdités, dans ce peu de mots. Le Critique auroit dû sçavoir, qu'on ne connoît point comme *termes de Grammaire*, ni *sujet*, ni *proposition*, ni *attribut*, que tout cela est volé à la *Logique*. Croyés-moi, M. d'Açarq, n'écrivés jamais de pareils mots en tant que Grammairien, pour faire d'un simple *nominatif* une *proposition*.

En fait de *Grammaire*, on connoît le *Nom* & le *Verbe*. Le *Nom* & le *Verbe* sont également désignés par le ter-

rñe de *Mot*. Les *Mots* font des fignes : de quoi ? des penfées. Confidérer les *Mots* en tant que fignes des penfées,
voilà le *Nec plus ultrà* du *Grammairien*. Entrer dans les
penfées, c'eft éxcéder les fonctions de la place. Je par-
le de celle du fieur d'Açarq.

Si donc ce Cenfeur avoit dit : „ Il y a trois *Nominatifs*
qui ne font point foutenus de *Verbes*, il n'y auroit point
eu lieu à l'Adage, *Ne futor ultra crepidam*. Il auroit parlé
en homme de l'art, parce que le *Nom* ne peut fe trouver dans aucun de fes cas, fans un *Verbe* éxprimé ou
fous entendu, qui lui affigne fa place, & qu'en un mot,
le *Nom* ne peut fe foutenir de lui - même nulle part.

Le fieur d'Açarq fait bien, ou doit favoir, que fi les
Grammairiens empruntent quelques termes de la *Logique*, ce n'eft qu'improprement & abufivement. On n'a-
voit pas befoin ici de tout cet appareil, qui n'eft propre
qu'à en impofer à l'ignorance, & à fatisfaire la vanité
du *Grammairien*. Il faut croire que fans cette paffion des
petites ames, il fe feroit expliqué d'une maniere plus
fimple, & dès-là plus intelligible.

Il prétend que *Fabula nona* ne peut pas fubfifter feul
par écrit. Je confidére par abftraction ces deux *Noms*
comme n'en faifant qu'un. Ce *Nom* eft au *Nominatif*, il
lui faut un *Verbe* qui l'y foutienne, ou qui prouve que
ce *Nom* doit être au *Nominatif*. Il n'y en a point d'autre
que le Verbe *eft* : & notre Cenfeur l'a trouvé : quelle dé-
couverte ! Il veut qu'on l'écrive ; & il l'écrit en effet,
tout épris qu'il eft de l'avoir trouvé dans M. du Marfais.

F A B U L A N O N A *eft*.
Je foutiens au contraire qu'il faut bien fe garder d'écrire
ce mot, *eft*, & en voici *le pourquoi*: je me fers de fes termes.

Eft ne fait ici que la fonction de figne indicatif du
cas où doit être *Fabula*, & non celle de *mot* ni de *penfée*. S'il étoit *écrit*, je veux dire, *imprimé*, il tromperoit
mon Eleve, qui le prendroit auffi-tôt, pour un mot figne

d'une penfée, & traduiroit fur le champ : *La Fable neu-*
viéme eft. Qui dit *eft* , dit *éxifte.* Ce mot *eft* , deviendroit
dans fon éfprit une affirmation , fonction ordinaire pri-
mitive & unique du *Verbe* dans le difcours , & il feroit
fort ridicule à fes yeux , qu'on affirmât l'éxiftence d'une
chofe qu'il verroit. Il n'y a point d'Ecolier qui ne fe mo-
quât de fon Maître , ou de fait ou de penfée , s'il venoit
à fentir la frivolité de l'affirmation : & j'oferois dire
qu'il feroit fort à défirer dans un Eléve , qu'il la fentît.
Cette fcêne cependant , feroit affés plaifante. Le fieur
d'Açarq n'a pas prévu tous ces inconvéniens.

On ne doit donc pas écrire fans raifon , les mots dont
on a befoin fous prétexte de faciliter à un Eléve l'intelligence d'un Texte. Bien loin qu'il foit néceffaire , qu'ils
reftent dans fa tête , on doit au contraire , faire en forte ,
qu'ils n'y paffent que momentanément & pour le befoin.

Je remarquerai qu'il feroit auffi fatiguant pour le
Maître que pour l'Ecolier , d'avoir à revenir à chaque
titre de Fables ou de Chapitres , de quelque Auteur que
ce foit , à une éxplication périodique de la même chofe.
Ne feroit-ce pas mettre dans des fonctions qui éxigent le
plus de variété , le retour le plus infipide & le plus en-
nuyeux? Le fieur d'Açarq affurément , n'a pas une notion
affés éxacte de ce qui peut plaire ou déplaire à l'éfprit hu-
main, de ce qui eft capable d'attacher , ou de dégouter celui de la Jeuneffe. Et le fieur d'Açarq a *des vues philofophi-*
ques? Cette affértion de l'*Auteur Périodique* eft finguliere !
Ne infultes miferis.
Le fieur d'Açarq veut que l'on fupplée dans cette phra-
fe en cette maniére , *Opus eft Ne infultes, &c.* Il n'y a
que trois fautes éffentielles dans ces quatre mots. 1°.
Contre le *fens* de l'Auteur. 2°. Contre la *Logique.* 3°.
Contre la *Grammaire.*

1°. Contre le *fens* de l'Auteur. Il donne ici un précepte. *Ne infultes , N'infultés pas.* Point de modification à

(12)

cet égard. L'*Opus est* qu'il plaît au sieur d'Açarq de mettre au - devant , travestit le précepte en simple conseil. *Il est besoin que vous n'insultiés pas.* Cette expres-
sion *il est besoin*, équivaut dans le discours ordinaire à cel-
le-ci : *il est bon.* Il y a bien des choses qu'il *est besoin*,
qu'*il est bon* de faire , & dont on peut se dispenser sans
risque. Je reprens mon Texte, & je dis que l'Auteur en-
tend qu'*il ne faut jamais insulter aux malheureux*, parce
qu'il y a de la cruauté, de la lâcheté à le faire, parce qu'à
parler humainement , les malheurs arrivent souvent
sans qu'il y ait de notre faute , & parce que notre nature
n'y est que trop sujette. La premiere raison que j'appor-
te , fait voir que quiconque insulte, est cruel & lâche.
La seconde , prouve son peu de bon sens. La troisiéme,
le rend méprisable , &c. Telles sont les vûes que l'on
peut développer à l'Eléve , comme en passant : on lui
forme l'âme sans qu'il paroisse qu'on pense à la lui former. L'*Opus est* du sieur d'Açarq n'est propre à aucun de
ces objets : donc il n'est point décisif.

On me permettra ici une petite digression. Le Malheureux différe du Menteur , en ce qu'on ne doit jamais
insulter à celui-là , & que l'on doit toujours insulter à
celui-ci : parce qu'il n'y a rien de si bas, de si vil , de si
méprisable que le Mensonge , sur-tout lorsqu'on l'emploie publiquement par écrit, & à tête reposée. Je m'arrête tout court : je ne veux pas laisser soupçonner le nom
de l'Ecolier, que je prend la peine d'instruire.

2°. Contre la *Logique.* La négation dans cette *Proposition* doit tout envelopper , ici elle ne tombe que sur le
second *terme* , tandis qu'elle doit tomber sur le premier,
qui me paroît devoir être, non pas *Opus est* ; mais,
Oportet , il faut. Si je dis, par exemple : *Il est besoin de ne
pas prendre le sieur d'Açarq , pour un habile homme*, cette
Proposition est louche, je m'exprime mal , parce que la
négation ne tombe pas sur le premier *terme.* Si je dis, *il*

(15)

n'eſt pas beſoin de prendre Monſieur **D.** pour un habile homme , la *Propoſition* devient foible , ſans énérgie ; elle donne atteinte à ma penſée , & je manque mon but. Si je
dis au contraire : *il ne faut pas prendre* **M.** *d'Açarq pour
un habile homme* , cette *Propoſition* eſt claire & préciſe.
Celle qui ſuit ſans négation éxpreſſe a encore plus de
force. *Il faut bien ſe garder de prendre* **M.** *d'Açarq pour un
habile homme.* On ſent que je veux dire , qu'il y auroit
quelque riſque à le regarder comme tel , *Ne exiſtimes.*
C'eſt là le vrai ſens de la penſée de *Phéäre* : *Ne inſultes.*

3°. Contre la *Grammaire. Opus eſt ne* , &c. Quel jar-
gon ! Eſt-ce bien là du Latin ? Quoi pour apprendre la
Langue Latine , on eſt obligé de l'éſtropier , de raiſonner
tout de travers ? Pour faire rentrer ſuivant le génie de la
Langue Latine , le *Ne inſultes* dans ſon enclave naturelle,
ſi l'on peut ainſi parler ; je dirai , non comme le ſieur
d'Açarq , *Opus eſt ne* , mais ; *Oportet ut caveas ne inſultes , &c.*

Oportet ut   caveas   ne   inſultes , &c.
Il faut que vous preniés garde, afin que vous n'inſultiés,&c.
     ,, Prenés garde d'inſulter , &c.
          N'inſultés pas , &c.
Au moyen de cette explication graduelle , faite de
vive voix à un Eléve , & jamais par écrit , il pénétrera
ſans peine le ſens de ſon Auteur. Il apprendra à penſer ,
il s'accoutumera à parler avec juſteſſe , & il ſe mettra au
fait du génie de la Langue qu'il apprend. Au lieu qu'avec
l'*Opus eſt* , du ſieur d'Açarq , il faut nécéſſairement qu'il
tourne le dos à tous ces objets. Je paſſe ſur l'*hominibus
miſeris* , qui , après tout ce que j'ai dit , ne mérite aucune
attention.

P A S S E R E T L E P U S.

Le ſieur d'Açarq veut que l'on imprime : *PASSER
agitur ET LEPUS agitur.* Il fait encore ici le Docteur
en pure perte. Il a tiré ce mot *agitur* , de l'éxpréſſion

(14)

Latine : *agere perſonam alicujus*, jouer le rôle, répréſenter la perſonne de quelqu'un , terme de Théâtre. Ainſi l'on dit d'un Comédien qui joue le rôle de *Céſar* , d'*Aléxandre* : il répréſente *Céſar* , *Aléxandre*. Le mot *agere* en ce ſens, rappelle à l'éſprit l'idée du répréſentant comme celle du répréſenté. Qu'eſt-ce que ſignifie ici cet *agitur?* Quoi? *le Moineau eſt répréſenté ? Le Liévre eſt répréſenté ?* Ne ſont-ce pas au contraire, *le Moineau & le Liévre qui répréſentent ? Lepus agitur* , ſignifie encore : *Le Liévre eſt chaſſé.* On dit , *Senatus agitur* , *le Sénat eſt aſſemblé. Conſilium agitur* , *On tient Conſeil* , &c. Le ſieur d'Açarq n'eſt pas heureux dans l'art de ſuppléér les éllipſes, on voit au contraire, qu'il y. réuſſit très-mal. Il n'eſt pas queſtion de raiſonner ſur la nature de l'action du *Moineau* , du *Liévre :* c'eſt employer le temps inutilement. Mon but eſt d'éxpliquer *Phédre* , & je n'ai beſoin , non plus que pour *Fabula* , que d'un ſigne indicatif du cas , où eſt le mot *Paſſer* , où eſt le mot *Lepus*. Ce ſigne, qui ne ſera, ni écrit , ni imprimé; mais indiqué de vive voix à l'Eléve, eſt encore le Verbe *eſt*. Il eſt le ſeul qui puiſſe faire ici la fonction de ſigne indicatif.

Oſtendamus paucis verſibus eſſe ſtultum dare conſilium aliis & non cavere ſibi.

Le lumineux d'Açarq prétend que la conſtruction n'eſt pas bien ordonnée, en ce que *dare conſilium & non cavere ſibi* , *ſont les deux termes de l'action de montrer , termes qu'il falloit* , dit-il , (toujours gonflé de Logique) *placer après verſibus.* La choſe eſt-elle bien décidée ? Je crois que la conſtruction eſt également bonne des deux manieres. On arrive également au but. M. de Launay a fort bien traduit. *Il eſt ridicule de donner des avis aux autres , lorſqu'on ne prend pas garde à ſoi.* Mais je n'improuverai pas que M. d'Açarq ſe diſe à lui-même : „ *Donner des avis aux autres hommes , & ne pas prendre* „ *garde à ſoi , eſt une entrepriſe folle.* Il ne ſauroit trop réfléchir fur cette fage maxime.

Oftendamus.

Notre Cenfeur eft fi régulier, qu'il va jufqu'à faire des crimes à M. de Launay, des fautes d'impréſſion. Il a vu au-deſſus du mot, *Oftendamus, nous montrons.* Il eft vrai que le mot, *nous*, eft de trop, il n'y a qu'à paſſer un trait de plume deſſus, & tout fera dit.

D'ailleurs, l'ouvrage entier eft fi éxact, qu'il eft bien facile de voir que M. de Launay n'a pas pu faire cette faute, & qu'elle eft échappée à l'impréſſion.

On a vu clairement par ce qui précéde, que la fcience de notre Cenfeur n'eft pas bien profonde, que fa bonne foi n'éclate pas, & fur-tout, que *la Sintaxe n'eft point fa partie brillante*, pour me fervir des termes pro-pres de fa Lettre, page 256 : cependant écoutons ce que dit M. Fréron dans le Préliminaire de cette même Let-tre. L'étalage en eft des plus pompeux, & forme une piéce très-curieufe. Ann. Litt. tom. V. p. 244 & 245.

M. du Marfais, dit l'Auteur Périodique, *a laiſſé deux ou trois Eléves qui ont hérité de fon génie vraiment philofo-phique. Le premier de ces Eléves, eft fans contredit M. d'Açarq, qu'un travail aſſidu de fix années fous ce grand Maître, une expérience perfonnelle de vingt ans, l'activité, le zéle, les mœurs, la Religion, la douceur & la patience, mettent en état de former la jeuneſſe avec le fuccès le plus complet. M. d'Açarq a connu de bonne heure fon talent, & s'eft toujours attaché à le perfectionner, fans partage, fans diverfion. La connoiſſance des Langues Françoife, Latine, Italienne, & Efpagnole : non la connoiſſance méchanique & matérielle, pour ainfi dire, mais la connoiſſance réfléchie & raifonnée, mais la plus profonde théorie, jointe à la pratique la plus heureufe ; mais le goût le plus fur en fait d'éloquen-ce & de Poëfie. Voilà ce qui met M. d'Açarq fort au-deſſus des Inftituteurs vulgaires. Je vais vous juftifier cet éloge, Monfieur, en vous communiquant UNE LETTRE LUMINEU-*

se, qu'il vient de m'écrire sur un ouvrage de sa compétence.

Je ne puis finir par un endroit plus brillant, & qui prouve davantage, le difcérnement fin & délicat du Journalifte. *Je fuis*, &c.

A Paris le 15. Décembre 1756.

P. S. Dès que la Lettre du Sieur d'Açarq parut, plufieurs perfonnes éclairées en furent fort mécontentes. Les infultes qu'elle contient, leur parurent très-déplacées. Une perfonne inconnue à M. de Launay, vint le trouver, lui montra une Lettre pour défendre fa Méthode contre les attaques du Critique. M. de Launay dit qu'il ne falloit pas donner cette Lettre, contre le Sieur d'Açarq, fans quelques adouciffemens, quoiqu'il eut cherché à l'infulter. Qu'il n'étoit pas nécéffaire auffi de 75. pages pour un objet fi mince, dont plus des trois quarts ne formoient contre M. Fréron, qu'une critique remplie de fiel & d'aigreur. De plus, que toutes ces perfonnalités & ces difcuffions polémiques, étoient étrangeres à fon objet, qui étoit uniquement la réfutation des faits hazardés par ce Critique.

M. de Launay s'eft donc fervi des matériaux de la Lettre, il en a corrigé & retranché beaucoup d'endroits, en a fubftitué d'autres, & a dit, qu'à cette condition, il vouloit bien qu'elle parût. Qu'il avoit des vûes moins étendues pour fa réponfe, qu'on pouvoit également parvenir au même but par différens moyens.

Un partifan de la *Nouvelle Méthode*, impatient de ce qu'il ne paroiffoit point de réponfe, ayant eu communication de cette Lettre corrigée, s'en eft rendu l'Editeur.

L'Auteur de la premiere, (compofée pour la défenfe de M. de Launay, s'étant cru offenfé de ce qu'on avoit ofé y touchér) a pouffé fon reffentiment jufqu'aux menaces. Il a promis de donner la même Lettre, mais avec des traits contre la *Nouvelle Méthode*. On attend l'effet de ces menaces, avec une parfaite tranquillité, bien réfolu néanmoins, de n'y pas répondre.

Vu l'Approbation, permis d'imprimer à la charge d'enregistrement à la Chambre Syndicale, ce 21. Décembre 1756. BERRYER.

Registré sur le Livre de la Communauté des Libraires & Imprimeurs de Paris, N°. 3700. conformément aux Réglemens, & notamment à l'Arrêt du Conseil du 10. Juillet 1745. A Paris, le 24. Décembre 1756.

P. G. LE MERCIER, *Syndic.*

De l'Imprimerie d'ANTOINE BOUDET, Imprimeur du Roi.